VENTE DU VENDREDI 21 FEVRIER 1890

HOTEL DROUOT, SALLE N° 2

MEUBLES ANCIENS

Bronzes, Curiosités

TAPISSERIES — TABLEAUX

Qui garnissaient une ancienne résidence de province

EXPOSITION PUBLIQUE

LE JEUDI 20 FÉVRIER 1890

DE 1 HEURE 1/2 A 6 HEURES.

<table>
<tr><td>COMMISSAIRE-PRISEUR</td><td>EXPERT</td></tr>
<tr><td>Me LÉON TUAL</td><td>M. B. LASQUIN</td></tr>
<tr><td>56, rue de la Victoire, 56.</td><td>12, rue Laffitte, 12.</td></tr>
</table>

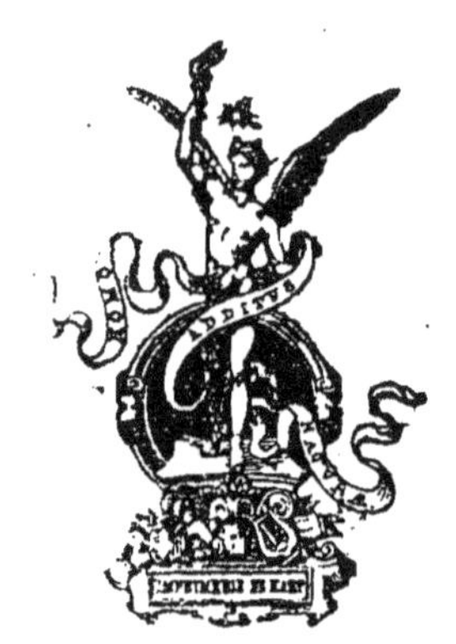

CATALOGUE

DES

MEUBLES ANCIENS

DES XVIᵉ, XVIIᵉ, XVIIIᵉ SIÈCLES

ET DE L'EMPIRE

Meubles à deux corps en bois sculpté, Armoires
Secrétaires, Commodes en marqueterie et bois de rose
Lit, Tables, Coffres, Pendule Louis XIV

Deux canons en bronze du XVIIIᵉ siècle

Lustres hollandais, Statuettes
Flambeaux, Porcelaines, Faïences, Étains, Miniatures

TAPISSERIE RENAISSANCE

PORTRAITS DE L'ÉCOLE FRANÇAISE

Gravures

Le tout garnissant une ancienne résidence

ET DONT LA VENTE AURA LIEU

HOTEL DROUOT, SALLE Nᵒ 2

Le Vendredi 21 Février 1890

à deux heures

Mᵉ Léon **TUAL**	**M. B. LASQUIN**
COMMISSAIRE-PRISEUR	EXPERT
56, rue de la Victoire, 56	12, rue Laffitte, 12

Chez lesquels se trouve le Catalogue.

EXPOSITION PUBLIQUE

Le Jeudi 20 Février 1890, de 1 heure 1/2 à 6 heures

CONDITIONS DE LA VENTE

Elle sera faite au comptant.

Les acquéreurs payeront en sus des enchères *cinq pour cent*, applicables aux frais.

L'exposition mettant le public à même de se rendre compte de l'état des objets, il ne sera admis aucune réclamation une fois l'adjudication prononcée.

Paris. — Imprimerie de l'Art, E. Ménard et Cie,
41, rue de la Victoire, 41

DÉSIGNATION DES OBJETS

MEUBLES ANCIENS

1 — Grande armoire ancienne, à angles arrondis, ouvrant à deux portes, à moulures et contenant un tiroir dans le soubassement.

2 — Meuble Louis XIII, à deux corps et à fronton en bois sculpté, offrant sur chacune des quatre portes des figures dans des motifs d'architecture à portiques.

3 — Meuble Louis XIII, à deux corps et à fronton en bois de noyer sculpté, à montants formés de colonnettes torses et à panneaux d'ornements sur lesquels se détachent des bustes en relief.

4 — Meuble Louis XIII, à deux corps séparés par un tiroir et ouvrant chacun à une porte, en bois de noyer, à moulures et panneaux taillés à facettes.

5 — Pendule Louis XIV et son support-applique, en marqueterie de cuivre et d'écaille, ornée de bronzes et surmontée de la figure du Temps.

6 — Secrétaire Louis XVI, en marqueterie de bois, à damier, orné d'un médaillon d'attributs de musique.

7 — Commode Louis XVI en marqueterie à damier et à dessus de marbre.

8 — Commode Louis XVI en bois de rose, à trois rangs de tiroirs, encadrés de filets marquetés. Dessus de marbre.

9 — Commode Louis XVI, à trois rangs de tiroirs, en bois de rose et à dessus de marbre.

10 — Lit du temps de l'Empire en bois d'acajou, orné de carquois et de palmes en bronze doré.

11 — Table de nuit de forme ovale, genre Louis XVI, en marqueterie de bois, à fleurs.

12 — Glace Louis XIV, à fronton et encadrement ajouré, en bois sculpté et doré.

13 — Table-bureau en acajou, garnie de filets de cuivre.

14 — Glace Louis XV, à bordure en bois sculpté et doré.

15 — Miroir Louis XVI, avec cadre en bois sculpté et doré.

16 — Coffre Louis XIII en noyer sculpté, offrant sur le devant une belle frise de rinceaux et de cariatides.

17 — Coffre Louis XIII, garni de cuir gaufré et clouté de cuivre.

18 — Grand lit à colonnes torses, Louis XIII, en bois de noyer, avec baldaquin et couvre-lit en damas rouge.

19 — Console Louis XV, en bois sculpté et doré, à dessus de marbre.

20 — Table Louis XIII, en noyer, à pieds à torsades reliés par un entrejambes en X.

21 — Couchette Louis XVI, en bois sculpté et peint.

22 — Grand chiffonnier à trois tiroirs en bois d'acajou, à poignées de cuivre.

23 — Table de nuit en chêne sculpté. Genre XVIᵉ siècle.

24 — Table Louis XIII, à pieds et croisillons à torsades.

25 — Miroir Louis XIII, avec cadre guilloché en bois noir.

*

26 — Grande commode Louis XV, en bois natu-
rel, à moulures contournées et garnie de
bronzes.

27 — Trumeau de glace Louis XV, avec pein-
ture dans le goût de Lancret.

28 — Lit de repos du temps de l'Empire, en
acajou.

29 — Commode Louis XIV, à trois rangs de tiroirs, en bois de placage, garnie de poignées
en bronze.

30 — Glace Louis XIV, à bordure à fond de
glace et à fronton orné de guirlandes en bois
doré.

31 — Grande armoire ancienne, à portes à moulures.

32 — Miroir Louis XIII, avec bordure en bois
noir à moulures guillochées.

33 — Petit cabinet Louis XIII, en bois décoré
d'ornements en dorure et incrusté de pla-
quettes de marbres de couleurs.

34 — Glace Louis XIV, à fronton en bois sculpté
et doré.

35 — Petite table Louis XIII.

36 — Autre petite table Louis XIII.

37 — Table Louis XIII, en noyer, à pieds tors
et dessus marqueté.

38 — Deux colonnettes-supports en bois noir.

SIÈGES

39 — Quatre fauteuils du xviᵉ siècle, à dossiers
élevés et à montants sculptés, ornés de tra-
verses découpées à contours et incrustées.

40 — Quatre chaises de même époque et de tra-
vail analogue.

41 — Quatre fauteuils Louis XIII, en bois de
noyer, à torsades et garnis d'étoffe à ornements de style.

42 — Quatre chaises analogues aux fauteuils qui
précèdent.

43 — Canapé de même style que les sièges qui
précèdent.

44 — Trois fauteuils anciens et une chaise fon-
cés de paille.

45 — Fauteuil Louis XIV, avec bras à volutes,
en bois de noyer, garni de tapisserie au point.

46 — Grand fauteuil Louis XIII, à dossier carré
élevé, garni de broderies.

47 — Trois chaises Louis XIII, dont deux garnies de bandes de satin broché.

48 — Fauteuil Louis XV, garni de soie ancienne.

49 — Chaise Louis XIV, garnie d'étoffe ancienne à fond rouge.

50 — Six chaises Empire, en acajou, incrustées de filets de cuivre.

51 — Deux fauteuils et quatre chaises Louis XIII, en bois tourné, garnis de velours.

BRONZES ET CUIVRES

52 — Statuette d'Henri IV enfant, en bronze, d'après Bosio.

53 — Deux groupes : les Chevaux de Marly, d'après Coustou, en bronze à patine brune.

54 — Deux flambeaux Henri II, à tige en forme de balustre, à moulures en bronze.

55-56 — Deux paires de petites appliques Louis XVI, en bronze.

57 — Pendule du temps de l'Empire, à balustres en bronze doré.

58 — Deux flambeaux Empire, en bronze doré.

59 — Petit buste de Napoléon Ier, en bronze.

60 — Petite pendule Louis XVI, en marbre blanc et cuivre doré.

61 — Pendule surmontée d'un cheval en bronze et deux candélabres.

62 — Grande fontaine, lavabo et son bassin, en ancien cuivre rouge.

63 — Grand lustre hollandais à vingt-quatre lumières, en cuivre poli.

64 — Lustre flamand à dix-huit lumières, en cuivre poli.

65 — Deux chenets Louis XIII, à boules en cuivre, à volutes et têtes de chérubins.

66 — Flambeau Henri II, en cuivre.

ARMES

67 — Canon allemand du xviiie siècle, en bronze, à ornements et inscriptions en relief, monté sur un affût.

68 — Canon analogue au précédent, également monté sur un affût.

69 — Petit mortier ancien en bronze.

70 — Cinq cuirasses et casques modernes.

PORCELAINES, FAIENCES

71 — Deux vases en porcelaine dorée, du temps de l'Empire, garnis de deux anses à têtes d'hippogriffes, et décorés de peintures dans le goût de De Marne.

72 — Bustes de Louis XVI et de Marie-Antoinette, en porcelaine blanche.

73 — Trois jardinières en ancienne faïence de Moustiers.

74 — Quatre figurines d'enfants, en ancien blanc de Saxe.

75 — Deux pots à tabac en faïence bleue.

76 — Soupière en faïence de Moustiers, à décor bleu.

77 — Service en porcelaine de Saxe à décor de style japonais en couleurs, composé de trois plats, dix-sept assiettes et une petite soupière.

78 — Deux vases balustres en porcelaine de Canton.

79 — Coupe de même porcelaine.

OBJETS DE VITRINE, MINIATURES ET DIVERS

80 — Petit groupe en ivoire : la Vierge portant l'Enfant Jésus.

81 — Boîte ronde Louis XVI en écaille avec miniature en grisaille, par Sauvage : Portrait de jeune femme.

82 — Boîte ronde Louis XVI en poudre d'écaille striée, ornée d'un médaillon.

83 — Boîte ronde Louis XVI en ivoire, ornée d'une miniature : Portrait de femme.

84 — Boîte ronde en buis renfermant une montre.

85 — Boîte en bronze du Tonkin, gravé à sujets en relief.

86 — Deux miniatures : Portrait d'homme et Portrait de femme.

87 — Coffret Louis XVI en cuir doré aux fers.

88 à 90 — Seize pièces en étain : plats, brocs et cafetières.

91 — Écuelle Louis XIV en étain.

92 — Fer de hallebarde.

93 — Plateau en métal de cloche gravé.

94-95 — Deux bustes de femme en terre cuite.

TAPISSERIE

96 — Grande tapisserie du XVIᵉ siècle, représentant un parc animé de nombreuses figures

et de cavaliers. Bordure d'ornements et de fleurs alternant avec des figures symboliques.

TABLEAUX ET GRAVURES

97 — **Vigée-Lebrun** (Attribué à Mme). Portrait de jeune femme en buste, corsage décolleté, sa chevelure ornée d'un ruban.

98 — **Rigaud** (Attribué à). Portrait présumé du duc d'Orléans.

99 — **École française.** Portrait de femme en robe bleue et manteau rouge.

100 — **École française.** Portrait de Louis XIV enfant.

101 — **École française.** Portrait de femme, le corsage orné d'une rose.

102 — **École française.** Portrait d'un magistrat.

103 — Six gravures coloriées encadrées, sujets de sport.

104 — Sous ce numéro un certain nombre de gravures encadrées du xviiie siècle.

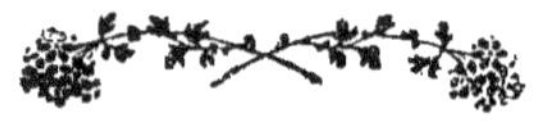

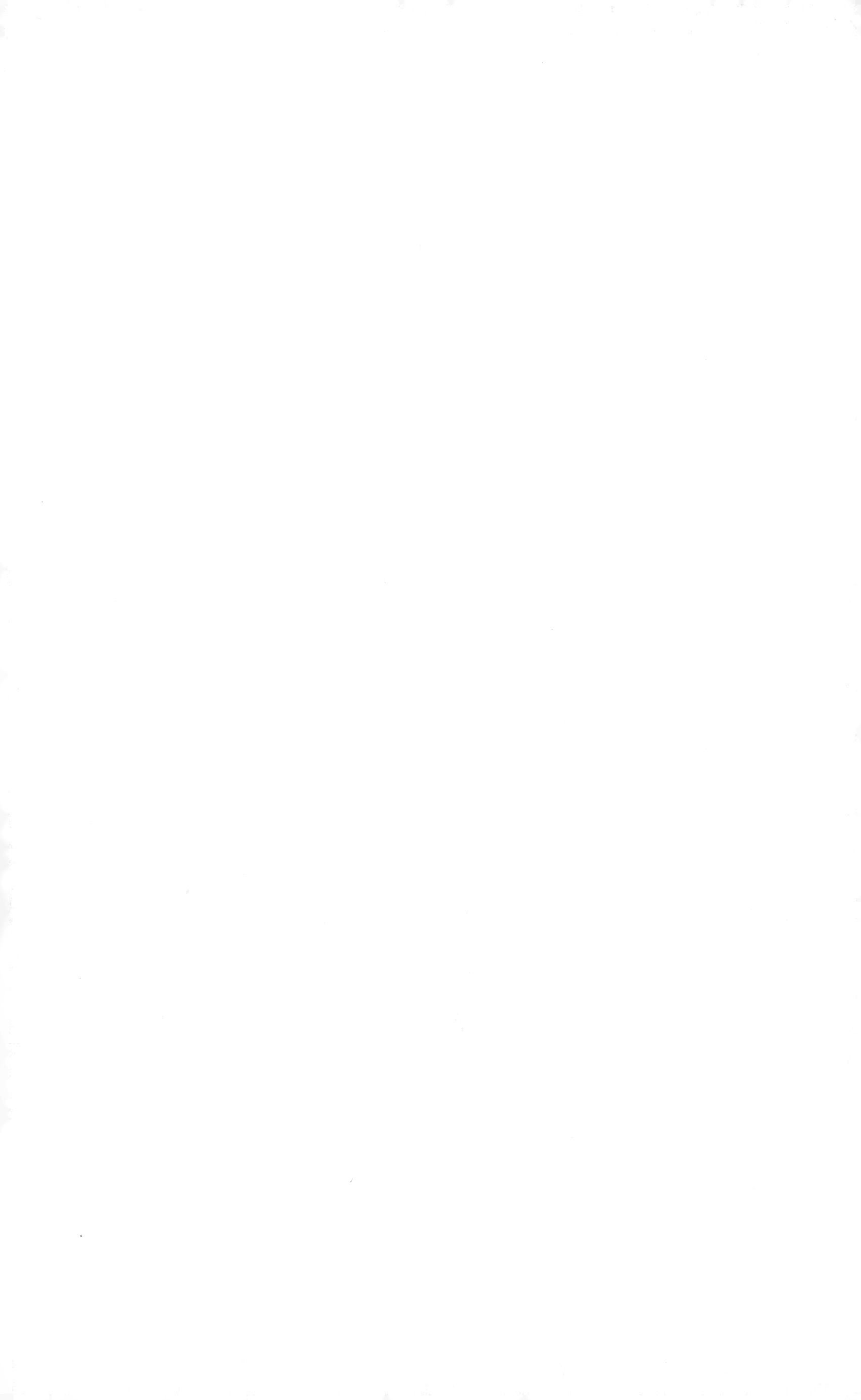

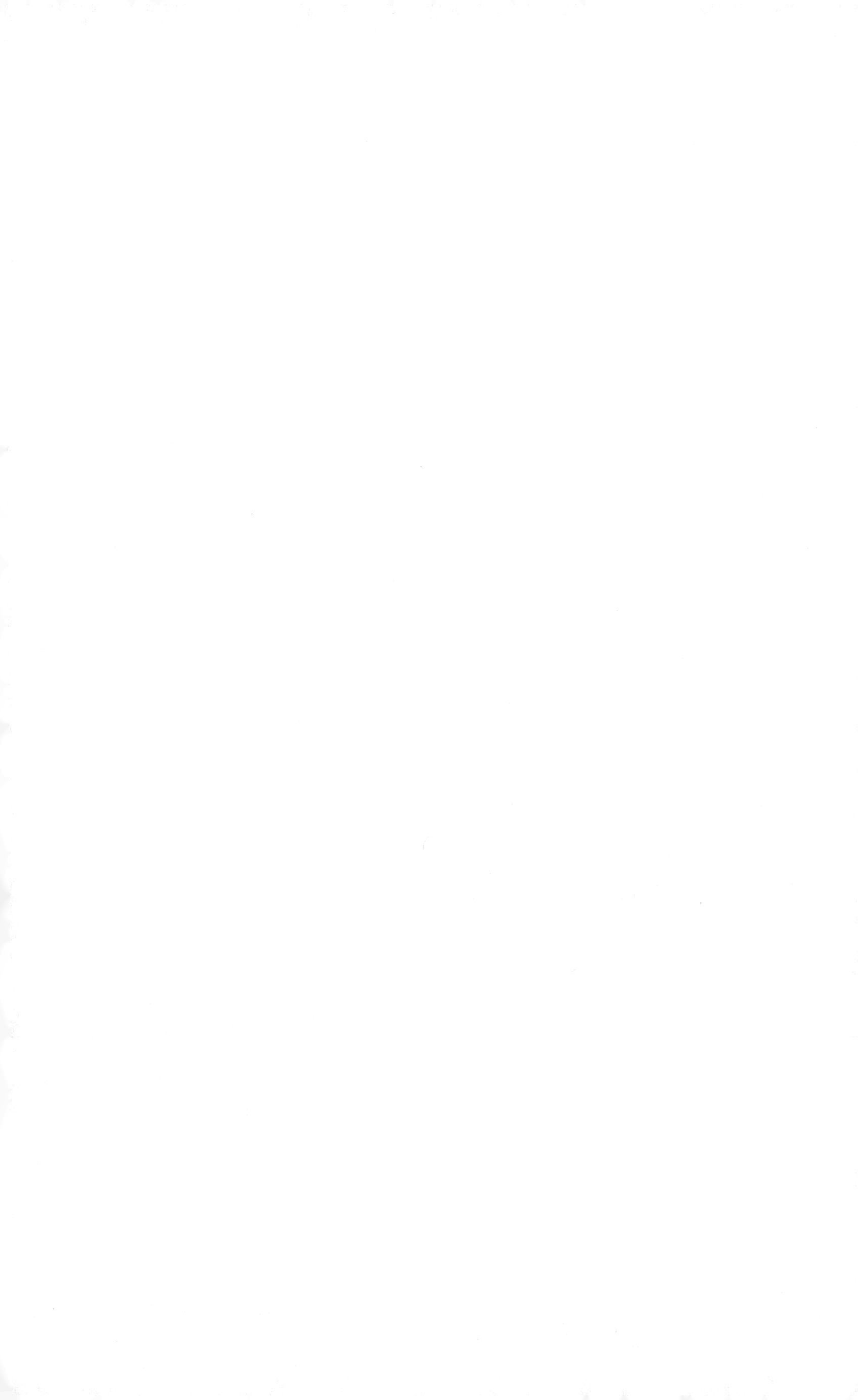